RÉGLEMENT

SUR LA NAVIGATION

DANS LA PARTIE MARITIME DE LA LOIRE.

RÉGLEMENT

SUR

LA NAVIGATION

LES ALLÉGEMENTS, TRANSBORDEMENTS, CHARGEMENTS
ET DÉCHARGEMENTS

DANS LA PARTIE MARITIME DE LA LOIRE,

Revu et mis au courant au 15 février 1865.

NANTES,
IMPRIMERIE V. DE COURMACEUL, RUE SANTEUIL, 8.

Septembre 1865.

RÉGLEMENT.

Le Conseiller d'Etat, Directeur de l'Administration des Douanes,

Considérant que l'état de la Loire ne permet pas toujours aux navires de se rendre directement, soit de la mer à Nantes, sans rompre charge, soit de Nantes à la mer, entièrement chargés ; — que la plupart des bâtiments d'un fort tonnage destinés pour Nantes, sont obligés de demeurer, ou devant Saint-Nazaire, ou devant Paimbœuf, pour y opérer le transbordement, dans des alléges, de tout ou partie de leur cargaison ;

Que le port de Nantes et celui de Saint-Nazaire (1) sont cependant les seuls qui sur ce point du littoral, soient

(1) Le Port de Saint-Nazaire est désormais doté de toutes les attributions ci-dessus. Le présent réglement lui est, de tous points, applicable.

ouverts : 1° Au commerce des colonies; 2° à l'importation des marchandises imposées à 20 fr. et plus par quintal; 3° au transit; — qui aient la faculté de l'entrepôt ; — qui, enfin, soient désignés comme pouvant se livrer à toutes les grandes opérations de Douanes ;

Que c'est à Nantes que sont établies les maisons de commerce, à la consignation desquelles arrive la plus grande partie des marchandises introduites par mer et par la Loire, soit de l'étranger, soit des colonies, ou qui expédient à ces destinations des produits nationaux; — que les autres bureaux de Douanes, St-Nazaire excepté, placés sur la Loire, sont ouverts à l'importation des marchandises payant moins de 20 fr. par quintal, ainsi qu'à l'exportation de toute espèce de marchandises, moins celles qui sont expédiées pour les colonies ; — qu'il y a dès lors, pour ces bureaux, deux natures d'opérations qu'il convient de distinguer : celles qui s'y accomplissent entièrement, et celles qui se rattachent à des faits dont la Douane de Nantes est saisie ;

Que des mesures administratives ont été successivement prises pour maintenir cette distinction et régulariser l'arrivée à Nantes, ou le départ de Nantes, des divers chargements; — que ces mesures modifiées les unes par les autres, manquent aujourd'hui d'ensemble et ne répondent plus, d'ailleurs, à des faits qui se sont nouvellement produits ;

Qu'ainsi, se manifeste le besoin d'un réglement général qui puisse concilier la rationnelle exécution des lois, ainsi que les nécessités du service des Douanes, avec l'intérêt du commerce et celui des capitaines qui fréquentent les ports de la Loire;

Vu les dispositions des lois des 22 août 1791, 27 vendémiaire et 4 germinal an 2;

Vu l'avis émis par la chambre de commerce de la Loire-Inférieure, en sa lettre du 22 octobre 1842;

Sur le Rapport du Directeur des Douanes à Nantes,

Arrête les dispositions suivantes:

CHAPITRE PREMIER.

IMPORTATIONS.

Manifeste. Visa à St-Nazaire.

Article premier. — Tout capitaine d'un navire entrant en Loire, quelle que soit la destination de son chargement, devra, lorsqu'il en sera requis par les employés des Douanes à Saint-Nazaire (1), leur exhiber son manifeste original, lequel sera visé par ces mêmes employés (2) qui auront en outre, le droit de monter à bord et

(1) Les employés de Saint-Nazaire doivent et peuvent presque toujours se rendre à bord, parce que le navire doit toujours raisonner avec les agents sanitaires, et que ceux-ci, d'après une décision de l'administration de la Marine, à Nantes, en date du 28 octobre 1818, sont tenus d'avertir le service des Douanes de leur départ pour la visite d'un bâtiment signalé. Si ce bâtiment ne reste à Saint-Nazaire, en grande rade, que le temps nécessaire pour communiquer avec la santé, les préposés montent à bord et convoient le navire jusqu'à Paimbœuf.

(2) Les employés qui apposent leur visa doivent aussi tirer des barres sur les blancs qui peuvent exister, parapher les renvois, indiquer les ratures ou surcharges, afin que rien ne puisse être ajouté ou effacé après coup.

de convoyer le bâtiment jusqu'à Paimbœuf, si leurs chefs le jugent à propos (1). (Loi du 4 germinal, an 2, titre 2, art. 3 et 8).

Art. 2. — Outre la formalité rappelée en l'art. 1er, les navires qui, de l'étranger ou des colonies, arrivent en Loire, seront soumis aux règles suivantes, selon qu'ils se trouveront dans l'un des cas ci-après, savoir :

1° Si le navire remonte jusqu'à Nantes, sans rompre charge;

2° S'il vient à Nantes, après avoir allégé en tout ou partie à Paimbœuf, ou à Saint-Nazaire;

3° S'il reste à Paimbœuf, ou à Saint-Nazaire, après y avoir complétement allégé;

4° S'il débarque et importe à Paimbœuf ou à Saint-Nazaire la totalité de son chargement, admissible à l'entrée par ce bureau.

SECTION PREMIÈRE.

NAVIRES MONTANT JUSQU'A NANTES, SANS ROMPRE CHARGE.

Exhibition du manifeste en Loire.

Art. 3. — Tout capitaine de navire, venant de l'étranger ou des colonies, et qui, entrant en Loire, remon-

(1) On doit user de ce droit d'une manière absolue à l'égard des bâtiments qui séjournent sur ce point, ou y opèrent des déchargements quelconques. (Lettre administrative du 13 juin 1827).

tera jusqu'à Nantes, sans rompre charge, sera tenu, pendant tout le cours de sa navigation fluviale, de représenter son manifeste original à toutes réquisitions des employés des Douanes, qui pourront le viser. (Loi du 4 germinal an 2, titre 2, article 3.)

Dispense de déclaration sommaire.

ART. 4. — Si le navire stationne à Paimbœuf ou à Saint-Nazaire ou dans un autre port situé entre Saint-Nazaire et Nantes, soit pour y attendre la marée ou les vents favorables, soit pour tout autre motif, le capitaine sera dispensé (1) de fournir au bureau des Douanes, une copie de son manifeste, tenant lieu de la déclaration sommaire prescrite par l'art. 4, tit. 2 de la Loi du 22 août 1791, déclaration qui, dès lors, ne sera pas exigée. Seulement, le manifeste original sera visé par les employés qui pourront aller à bord et convoyer même le bâtiment jusqu'à Nantes, si leurs chefs le jugent à propos. Les frais de convoi seront à la charge de l'administration (2).

Escorte.

Visite par le service actif à Nantes.

ART. 5. — Le navire étant parvenu à Nantes, sa destination, le service actif des Douanes devra s'y transporter immédiatement et se faire représenter le manifeste original, le viser, procéder à la visite sommaire du bâtiment, et prendre la note exacte des provisions restant à bord. (Loi du 4 germinal an 2, titre 2, art. 8.)

---

(1) L'administration, dans sa lettre du 14 février 1842, dispense positivement les capitaines de la déclaration.

(2) Ces frais de convoi sont de 2 fr. par jour et par homme. (Décision administrative du 24 août 1817.)

SECTION DEUXIÈME.

NAVIRES MONTANT A NANTES APRÈS AVOIR ALLÉGÉ A SAINT-NAZAIRE OU A PAIMBOEUF.

Exhibition du manifeste à Paimbœuf ou à Saint-Nazaire.

Copie remise.

ART. 6. — Tout capitaine d'un navire dont la cargaison sera destinée pour Nantes, et qui voudra alléger à Saint-Nazaire ou Paimbœuf, sera tenu de remettre au bureau des Douanes de ce dernier port, une copie, certifiée par lui, de son manifeste (1), à titre de déclaration sommaire. Le receveur, après avoir collationnée cette copie sur le manifeste original qui devra pareillement être exhibé, visera ce manifeste original et le remettra au capitaine.

Rapport de mer.

ART. 6 *bis*. — Dans le cas prévu par l'article précédent les rapports de mer pourront être faits, au choix des capitaines, soit à Nantes, soit au bureau où s'opère l'allégement (2); mais dans l'un et l'autre cas, le rapport doit être produit dans les 24 heures de l'arrivée du navire et affirmé avant qu'aucune opération relative au déchargement du navire ait été commencée hors le cas de péril imminent; seulement, si les rapports de mer sont faits à la Douane de Nantes, l'affirmation pourra n'avoir lieu que plus tard, à la fin du déchargement de la cargaison (3).

---

(1) Lettres administratives du 29 octobre 1822, 6 juin 1828.

(2) Lettre du Directeur à Nantes, 4 février 1833.

(3) Lettre du Directeur à Nantes, 4 février 1833.

Art. 7. — Le capitaine transmettra immédiatement, soit à son armateur, soit à tout autre correspondant à Nantes, le manifeste original, afin qu'il y soit déposé en Douanes, que les consignataires puissent fournir leurs déclarations en détail, et faire procéder à la vérification des marchandises, au fur et à mesure de l'arrivée des alléges, comme aussi, afin qu'il puisse être statué promptement sur l'admission au privilége, quand il y aura lieu.

Transmission du manifeste original à Nantes.

Art. 8. — Le Receveur de Saint-Nazaire ou de Paimbœuf, après avoir fait transcrire sur le registre à ce destiné, la copie du manifeste et avoir apposé dessus un visa constatant qu'elle a été collationnée sur l'original, délivrera les permis d'allégement (1), lesquels ne contiendront, d'abord, que l'autorisation aux patrons des gabares, de prendre charge sur le navire mis en déclaration d'allégement.

Permis d'allégement.

Art. 8 *bis*. — On peut réunir sur une même allége des marchandises provenant de plusieurs navires lorsqu'elles ne sont pas similiaires ou lorsqu'étant similaires elles sont passibles des mêmes droits. (Lettre du Directeur du 17 septembre 1856.) Toutefois, une gabare peut prendre de la houille ou du coke à bord de plusieurs bâtiments, à la condition que chaque partie de cargaison, si elle n'a pas été mesurée à Paimbœuf, soit séparée par des nattes

(1) Lettre administrative, 6 juin 1828. Cette opération d'allégement doit toujours être précédée d'une déclaration énonçant le nom du navire importateur et celui de la gabare devant servir d'allége; cette déclaration peut être faite sur la formule N° 2811. (Lettre du Directeur du 15 octobre 1855.)

ou des toiles; lorsqu'elle aura été mesurée ou pesée, on énoncera sur les permis d'allégement quelle est la portion revenant, dans ces chargements mixtes, à chacune des cargaisons qui concourent à les former. Chacun des permis d'allégements indiquera, dans ce cas, les quantités de marchandises prises sur les différents navires. (Lettre du Directeur, 16 avril 1850.)

Forme des alléges.

ART. 9. — Le transbordement ne devra avoir lieu que sur des gabares pontées et fermées d'écoutilles. Toutefois, on pourra transborder sur des embarcations non pontées, les bois, les houilles, les matériaux, les engrais, les marchandises en vrac imposées à l'entrée à moins de 1 fr. par quintal, ainsi que les marchandises en colis qui, d'après le tableau annexé à la circulaire n° 1716, étaient affranchies (1) du plombage lorsqu'elles étaient expédiées par cabotage.

ART. 9 *bis*. — Les transbordements et les mutations d'entrepôt des marchandises, provenant des navires mis en déclaration à Saint-Nazaire, que le commerce effectuera sur Nantes et Paimbœuf, pourront avoir lieu par gabares bien que ces embarcations ne soient pas francisées; dans ce cas, afin de conserver les garanties fixées par la loi du 4 germinal an 2, les patrons devront être porteurs d'un manifeste relatant les marchandises comprises sur les permis de transbordements ou sur les acquittements de mutation d'entrepôt.

Dans ces conditions, ces gabares devront être consi-

(1) Avant les dispositions arrêtées par la circulaire N° 886.

dérées comme faisant le cabotage entre Saint-Nazaire, Paimbœuf et Nantes et figurer en conséquence sur les états de commerce. (Lettre du Directeur, du 11 janvier 1862.)

Mode de procéder pour l'allégement.

ART. 10. — Il sera procédé à l'allégement, en ce qui concerne le service des Douanes, de la manière suivante : (voir ci-dessous pour la vérification des bois).

1° Un Vérificateur sera côté par chaque navire, il transcrira par extrait, sur son portatif, l'état général du chargement d'après la copie du manifeste déposée au bureau.

2° En même temps qu'un Vérificateur sera côté, le Sous-Inspecteur ou le Capitaine désignera un sous-brigadier et un préposé. Le sous-brigadier sera placé sur le navire et le préposé sur l'allége, de manière qu'ils puissent agir sans s'entendre, et se contrôler mutuellement.

3° Le sous-brigadier et le préposé seront munis (1), chacun, d'un carnet et d'un appareil à plaques mobiles ; sur les carnets de ces deux employés, on se dispensera de recopier le manifeste. Il suffira d'y mentionner le nom du navire, celui du Capitaine, la nature de la cargaison, le lieu de la provenance, le nom de la gabare et celui du patron.

4° Ensuite, le sous-brigadier et le préposé indiqueront, à l'aide de barres, comme pour les chargements de sel,

(1) Les employés peuvent se dispenser de rappeler dans le permis d'allége les marques et les Nos des colis. Il suffit d'en indiquer exactement le nombre et le contenu. (Décision administrative, 14 avril 1829 et 19 août 1841.)

le nombre des colis transbordés, lesquels seront comptés au moyen de l'appareil à plaques mobiles dont il est parlé plus haut. Le préposé indiquera le nombre des colis, sans distinction de marchandises (1).

5° Pendant l'opération, le Sous-Inspecteur, le Capitaine, le Lieutenant et le Vérificateur coté devront se transporter souvent à bord, à l'effet de s'assurer que le sous-brigadier et le préposé opèrent contradictoirement, sans se concerter entr'eux, et qu'ils procèdent avec méthode et exactitude. Le Sous-Inspecteur et le Vérificateur auront à constater leur présence à bord par des visa apposés sur les carnets des deux agents du service actif.

6° Après l'opération, les carnets du sous-brigadier et du préposé seront remis au Vérificateur coté qui en fera le recolement au vu de la copie du manifeste déposé et transcrit en Douane, et qui constatera les résultats sous son portatif. Ce même Vérificateur régularisera ensuite le permis d'allégement qui sera signé par lui, et, autant que possible, visé par le Sous-Inspecteur. Dans le cas où les carnets des deux agents du service actif ne seraient pas d'accord et où l'on ne pourrait pas reconnaître immédiatement la cause de la différence remarquée, une annotation serait mise sur le permis pour avertir le service de Nantes.

ART. 10 *bis*. — Le service de Paimbœuf et de Saint-

---

(1) Il est entendu que cette dernière indication de la nature de la marchandise ne sera faite que le mieux possible, sans qu'on doive y ajouter une foi absolue, puisque ce sous-brigadier ne vérifie pas le contenu des colis et qu'il peut quelquefois être trompé par la forme de l'emballage.

Nazaire sont autorisés à procéder à bord des navires importateurs à la vérification des bois dirigés sur Nantes, en vertu de permis de la Douane de cette dernière ville. (Lettre du Directeur du 8 juillet 1852).

Mode de vérification des bois.

Art. 10 *ter*. — La vérification des bois * peut être confiée à un sous-officier ou à un préposé de brigades qui serait contrôlé à l'improviste tant par le Vérificateur coté en chef à l'opération que par le Sous-Inspecteur. Ce sous-officier ou préposé inscrira sur son carnet le nombre de planches ou autres pièces de bois à mesure qu'elles sortiront du bord, en ayant soin d'établir sur ce carnet autant de subdivisions que le comporterait la déclaration, à savoir :

Bois brut ou simplement équarri ;
Planches sciées ayant plus de 80 millim. d'épaisseur.
— — — de 34 à 80 millim.
Mâts.
Matériaux, etc.

Ce préposé sera en même temps muni d'un compas de dimension et d'un ruban de jauge pour mesurer l'épaisseur et la longueur des bois.

On exigera du déclarant la représentation des factures et connaissements.

(Lettre du Directeur, 21 septembre 1852.)

* Nota. La réduction et la suppression des droits sur les bois à construire, prononcées par la loi du 18 avril 1857, ôtent à cette vérification toute son importance.

Plombage de l'allége.

ART. 11. — Aussitôt que le chargement d'une allége sera terminé, cette allége sera, sauf le cas prévu par l'art. 14, scellée du plomb de la Douane, lequel sera apposé sur les écoutilles et sur toutes les parties de la gabare communiquant ou pouvant communiquer avec la cale (1).

ART. 12. — Lorsqu'il s'agira de balles de coton, on pourra après l'arrimage de la cale, en placer sur le pont et principalement sur les écoutilles. Les balles, ainsi posées, seront enveloppées de toiles ou prélarts fixés sur le pont au moyen de cordes et des plombs de la Douane, de manière à prévenir tout enlèvement (2).

Escorte; dans quel cas.

ART. 13. — Quand les marchandises transbordées sur les gabares, y seront chargées en vrac, comme le poivre, par exemple, indépendamment du plombage des écoutilles, qui, dans ce cas, n'est pas une garantie suffisante, la gabare sera convoyée jusqu'à Nantes par des préposés placés à bord. Les frais de convoi seront à la charge de l'administration.

Cas de dispense du plombage.

ART. 14. — Seront affranchies du plombage les gabares chargées de marchandises d'encombrement.

---

(1) La même précaution doit être prise après chaque vacation, si l'opération n'est pas terminée en une séance.

(2) Cette facilité est étendue à toutes les marchandises non prohibées, renfermées dans des caisses ou boucauts.

Lorsqu'il s'agira de cotons ou de marchandises payant moins de 3 fr. par 100 kil. on pourra le plus habituellement se dispenser de se faire escorter. (Lettre du Directeur, 20 juillet 1852.)

Art. 15. — La gabare étant chargée et plombée, quand il y aura lieu, le patron ne pourra partir pour sa destination qu'après avoir reçu de la Douane le permis d'allége dûment régularisé. Ce permis tiendra lieu de manifeste partiel pour chaque gabare, depuis Saint-Nazaire jusqu'à Nantes (1). Le patron sera tenu de le représenter à toutes réquisitions des employés qui pourront le viser. Le patron remettra le permis d'allége au corps de garde à Nantes, aussitôt son arrivée. (Lettre du Directeur du 25 avril 1832).

Permis d'allége servant de manifeste.

Art. 15 *bis*. — Lettre administrative du 6 juin 1828 — Les restes de provisions, non compris au manifeste, font l'objet d'un acquit-à-caution. Quand ces objets sont placés sur une allége plombée, il y a dispense de déclaration ; cette déclaration au contraire doit précéder la délivrance de l'acquit-à-caution quand les restes de provisions ou objets appartenant à des voyageurs, sont expédiés sur Nantes par d'autres embarcations que l'allége plombée.

Lorsqu'une allége prendra charge de houille à bord de plusieurs navires, les permis indiqueront exactement les quantités qui ont été retirées de chacun des bâtiments. (Lettre du Directeur du 2 juillet 1848.)

Art. 16. — La délivrance du permis d'allége ne donnera pas droit à la perception du droit de permis, lequel droit sera acquitté par les consignataires lors des déclarations en détail, faites à la Douane de Nantes.

Droits de permis. Il n'est pas dû.

---

(1) Il s'agit ici de gabares chargées de marchandises provenant de navires mis en déclaration à Nantes.

Remise au Capitaine de la copie du Manifeste. Annotations à y transcrire.

Art. 17. — Lorsque l'allégement sera terminé et que le navire sera prêt à partir de Saint-Nazaire ou de Paimbœuf, pour monter à Nantes, soit sur lest, soit sur une partie de sa cargaison, le Capitaine sera tenu de prendre à la Douane, la copie du manifeste qu'il y aura déposée et sur laquelle le Receveur aura annoté les opérations successives de l'allégement, la note exacte des provisions restant à bord et les marchandises admises exceptionnellement aux droits par application de la décision rappelée en l'article 48 ci-après. Cette pièce lui servira de manifeste pour sa navigation fluviale.

Arrivée du navire à Nantes.

Art. 18. — Le navire étant parvenu à Nantes, le service actif se conformera à l'ordre contenu en l'art. 5, et le Capitaine devra déposer à la Douane, dans les vingt-quatre heures de son arrivée, la copie du manifeste dont il est parlé en l'article précédent.

Art. 18 *bis*. — Les gabares servant d'alléges aux navires venant de l'étranger ou des colonies et qui sont chargées de denrées coloniales en sacs ou en canastres dont la mise à terre n'aura pu être effectuée entièrement, seront plombées à la fin de chaque vacation. Ce plombage sera apposé sans frais (ordre de service, du 30 janvier 1864, de l'Inspecteur approuvé par le Directeur).

Art. 19. — Tout navire mis en déclaration de gros à Nantes, qui s'arrêtera ou séjournera soit à Saint-Nazaire, soit à Paimbœuf, pourra y acquitter les droits de navigation et les taxes sanitaires. Dans ce cas, le Receveur devra faire parvenir à la fin de la journée à son collégue de Nantes, un bulletin présentant le nom du navire, celui du capitaine, le pavillon, la provenance, le tonnage, le montant des droits et la date et n° des recettes.

Ce bulletin portera un n° d'ordre suivi; ce qui dispensera de fournir un bulletin négatif. (Voir les articles 24, 24 bis, pages 20 et 21). (Lettre du Directeur du 7 février 1865.)

Statistique commerciale. Départ du navire pour la mer. Mandataire du Capitaine.

ART. 20. — Si le Capitaine désire redescendre la rivière et reprendre la mer avant que le chargement ne soit complétement vérifié quant aux obligations qui pèsent sur lui personnellement, aux termes des articles 1er et 2, titre 2 de la Loi du 4 germinal an 2, son armateur, ou le consignataire de la cargaison, ou tel autre négociant patenté et notoirement solvable, devra s'engager, par écrit, envers la Douane, à satisfaire au besoin, à toutes les condamnations que ce Capitaine pourrait avoir encourues, par suite des contraventions que ferait connaître l'apurement du manifeste. (Lettre administrative, du 6 juin 1828).

Transbordement à Nantes.

ART. 21. — Les marchandises désignées par l'article 31, arrivant de l'étranger à Nantes, soit directement, soit après l'allégement à Saint-Nazaire ou à Paimbœuf, et qui seront destinées pour des lieux situés en amont du premier de ces ports, pourront être vérifiées au transbordement sur les embarcations qui devront les transporter à leur destination ultérieure, il sera procédé à ce transbordement, suivant le mode prescrit en ce même article 31.

SECTION TROISIÈME.

NAVIRES RESTANT A PAIMBOEUF ET SAINT-NAZAIRE APRÈS Y AVOIR COMPLÉTEMENT ALLÉGÉ.

Allégement.

ART. 22. — Les articles 6 et suivants du présent réglement, jusqu'à l'article 16 inclusivement, seront applicables à tout navire venant de l'étranger ou des colonies, qui voudra rester à Saint-Nazaire ou à Paimbœuf, mais dont la cargaison, destinée pour Nantes, devra y être transportée en entier, par suite de transbordement et à l'aide d'alléges.

Transmission de la copie du Manifeste à Nantes. Annotations à y inscrire.

ART. 23. — Lorsque le transbordement sera terminé, le Receveur de Saint-Nazaire ou de Paimbœuf enverra, sans délai, à l'Inspecteur sédentaire à Nantes, la copie du manifeste déposée par le Capitaine conformément à ce qui est prescrit en l'article 6, et sur laquelle copie, ce Receveur aura annoté les opérations successives de l'allégement, et les marchandises admises exceptionnellement aux droits, par application de la décision rappelée en l'article 48 ci-après.

États de navigation. Entrée, Sortie.

ART. 24. — Bien que le navire reste à Paimbœuf, comme sa cargaison sera montée à Nantes, c'est à la Douane de ce dernier port que l'entrée et la sortie seront régulièrement constatées, et que les expéditions de sortie devront être délivrées (1), Paimbœuf n'étant considéré, dans les cas de l'espèce que comme la rade de Nantes.

États de Navigation. Entrée, Sortie.

ART. 24 *bis*. — Saint-Nazaire. — Les navires qui, entrant dans le port de Saint-Nazaire, y sont déchargés en tout ou en partie, que leurs cargaisons soient ou non dirigées sur Nantes, pour y être déclarées en détail, figureront toujours dans les comptes de navigation du premier de ces ports. Il en sera également ainsi toutes les fois que les navires sortiront de Saint-Nazaire, même lorsque le chargement sera formé de marchandises déclarées et vérifiées à Nantes.

Quand à la prise en charge des marchandises, elle aura lieu conformément aux règlements généraux. (Lettre de l'administration du 24 janvier 1862.)

Voir l'article N° 19.

ART. 25. — (Supprimé)........................

Départ du navire mandataire du Capitaine.

ART. 26. — Si, après l'allégement complet, le Capitaine veut reprendre la mer, il sera tenu de fournir préalablement à la Douane de Nantes (2), comme dans le cas

---

(1) La Douane de Paimbœuf ne doit, dans ce cas, remettre les papiers et réexpédier le navire que sur la représentation du manifeste de sortie visé par la Douane de Nantes. (Lettre du Directeur, du 31 juillet 1837.) Sous la date du 19 août 1841, l'administration dit que le passeport et le manifeste de sortie peuvent être délivrés à Paimbœuf.

(2) La soumission dont il est parlé à l'art. 26 peut être passée à Paimbœuf lorsqu'il s'agira d'un navire qui, après avoir importé des parties de chargement admissibles par le bureau de Paimbœuf

prévu par l'article 20 ci-dessus, un représentant qui s'engagera, par écrit, à satisfaire, en son nom, à toutes les condamnations qu'il pourrait avoir encourues par suite de contraventions que ferait reconnaître l'apurement du manifeste.

SECTION QUATRIÈME (1).

NAVIRES DONT LA CARGAISON EST DESTINÉE POUR SAINT-NAZAIRE OU PAIMBOEUF OU POUR LES POINTS INTERMÉDIAIRES ENTRE CE PORT ET NANTES.

Allégement exclut débarquement (2)

ART. 27. — Toutes les fois que la Douane de Saint-Nazaire ou de Paimbœuf aura reçu une demande d'allégement pour un navire, elle ne pourra plus l'admettre à dé-

---

et y avoir acquitté les droits de navigation, repartirait sur lest. Dans ces conditions, le bâtiment pourra reprendre immédiatement la mer ; le bureau de Paimbœuf en donnera avis à celui de Nantes, afin qu'il puisse régulariser ses écritures et inscrire le navire à la sortie. (Lettre du Directeur du 15 septembre 1852.)

(1) La 4me section du réglement concerne exclusivement les opérations d'allégement faites avant la déclaration de mise en consommation. Quand donc le transbordement s'opère dans l'arrondissement d'un bureau autre que celui où doit être déposée la déclaration de mise en consommation, il y a lieu d'appliquer les dispositions de la 2me et de la 3me section, selon que le bâtiment doit ou ne doit pas monter à Nantes. (Lettre du Directeur du 7 oct. 1856.)

(2) Cette disposition doit être entendue en ce sens, qu'une partie de marchandises comprises sur un permis d'allége devra accomplir sa destination. Mais on peut délivrer à Paimbœuf des permis de mise en consommation pour les parties de chargement n'ayant pas fait l'objet de déclarations d'allégement. (Lettre du Directeur du 15 septembre 1852.)

claration définitive, et il devra être procédé, alors, conformément à ce qui est indiqué, suivant le cas, dans l'une ou l'autre des deux sections précédentes.

Mise en déclaration à Paimbœuf ou à Saint-Nazaire.

Art. 28. — Si, au contraire, un navire arrivant en Loire, est chargé en entier de marchandises dont l'entrée n'est pas réservée par la loi au port de Nantes, et que le Capitaine du bâtiment et le consignataire de la cargaison déclarent, chacun en ce qui le concerne, vouloir faire opérer le déchargement à Saint-Nazaire ou à Paimbœuf; la Douane procédera pour la réception, le contrôle et l'apurement du manifeste, pour la déclaration en détail, la visite, la liquidation et la perception des droits, conformément à ce qui est prescrit par les lois et les réglements généraux des Douanes.

Déchargement. Réglements généraux.

Droits et États de navigation.

Art. 29. — Le navire acquittera les droits de navigation à Saint-Nazaire ou à Paimbœuf où son entrée sera régulièrement constatée (1). C'est pareillement la Douane de ce port qui lui délivrera, quand il y aura lieu, les expéditions de sortie.

Transport des houilles par alléges de Paimbœuf à Basse-Indre.

Art. 29 *bis*. — Les houilles destinées pour Basse-Indre, peuvent être expédiées par alléges et admises à Saint-Nazaire ou à Paimbœuf d'après le tonnage du navire. (Lettre du Directeur du 28 mars 1842), si d'ailleurs la Douane de ce lieu, juge que le rendement de 1500 k. par tonneau ne peut porter aucun préjudice au

(1) Lettre administrative du 17 mai 1823.

Trésor. En un mot, la Douane est toujours libre de faire procéder à la visite. (Lettre du 10 mars 1843.)

Le transport de la houille par les premières alléges est assuré par des permis de transbordement; quant au complément du déchargement il est accompagné d'un acquit-à-caution énonçant, entr'autres renseignements, la contenance réelle du bâtiment. (Lettre du 28 mars 1842.)

Lorsque les houilles sont destinées pour l'entrepôt (à Basse-Indre) la Douane de ce lieu se borne à faire passer la soumission d'entrepôt au registre M. n° 37. B. C'est à Paimbœuf ou à Saint-Nazaire qu'a lieu l'inscription de la déclaration de détail. (Registre n° 8). (Lettre du Directeur du 7 mai 1845).

La Douane de Saint-Nazaire ou de Paimbœuf peut aussi expédier par simples permis d'alléges les houilles destinées pour Basse-Indre, mais seulement lorsqu'il lui sera justifié que les navires ont été mis en déclaration au bureau de cette dernière résidence.

Le patron de la dernière allége sera, comme précédemment, nanti de l'acquit-à-caution énonçant le tonnage du navire. (Lettres du Directeur des 7 août 1845 et 7 mai 1855.)

Transport des houilles de Saint-Nazaire sur Paimbœuf ou Basse-Indre.

Les chargements de houille arrivés à Saint-Nazaire peuvent être en partie mis en entrepôt à Saint-Nazaire et en partie dirigés sur le port de Paimbœuf ou de Basse-Indre. (Lettre du Directeur du 16 juillet 1858.)

Chargement de fers destiné pour Indret.

Ces fers peuvent être débarqués sur permis provisoires; le déclarant, après la réception de sa marchandise par la marine, fera sa déclaration définitive. L'opération sera suivie par le service de la Basse-Indre agissant pour le compte de la Douane de Nantes; la marchandise restera sous la surveillance du service jusqu'après vérification.

Lorsque la marchandise sera transportée à Indret, sur un autre bâtiment que le navire importateur, elle sera escortée. (Lettres du Directeur des 6, 8 et 4 novembre 1863.)

Réexpédition de la cargaison pour l'intérieur.

ART. 30. — Si les marchandises provenant de la cargaison doivent ensuite remonter la Loire, soit pour des points situés entre Saint-Nazaire, Paimbœuf et Nantes, soit pour cette dernière ville ou des pays situés au-delà, la circulation en aura lieu sous les conditions ordinaires du cabotage en Loire. (Voir plus bas : chapitre 3, section 2.)

Déchargement par transbordement; pour quelles marchandises il peut avoir lieu.

ART. 31. — Quand les propriétaires des marchandises à débarquer demanderont à être dispensés de les mettre en quai, et que la vérification en soit faite lors de leur transbordement du navire sur d'autres embarcations, cette demande pourra être accueillie, s'il s'agit de marchandises exemptes de droits de sortie ou faiblement taxées.

Mode de vérification.

ART. 32. — Dans le cas de vérification au transbordement il sera procédé conformément à ce qui est prescrit par l'article 10 du présent réglement en ce qui concerne les allégements.

Mais le Vérificateur coté, qui aura à diriger et surveiller le sous-brigadier et le préposé, au lieu de régulariser un permis d'allége, devra, après avoir constaté sur son portatif le résultat de la vérification, rediger le certificat de visite destiné à servir de base à la liquidation et à la perception des droits.

Dispositions additionnelles au réglement du 6 déc. 1842 et à la décision administrative du 9 avril 1858.

ART. 32 *bis*. — 1° Lorqu'un navire, devant être mis en déclaration d'entrée à la Douane de Nantes, et restant ancré à Saint-Nazaire, aura à bord des marchandises destinées pour ce dernier port, le courtier présentera le manifeste original et deux copies de cette pièce au bureau de Saint-Nazaire. Les employés de ce bureau viseront le manifeste destiné à la Douane de Nantes, et conserveront les deux copies dûment collationnées avec l'original.

2° Dans le cas prévu par l'art. précédent les déclarations en détail des marchandises, ayant le port de Saint-Nazaire pour destination, seront reçues par la Douane du dit port. Elles devront être fournies en triple expédition dont une sera adressée le jour même à l'Inspecteur sédentaire à Nantes qui en fera prendre note sur le manifeste original. Chaque envoi fera l'objet d'un bulletin spécial portant un numéro d'ordre suivi.

3° Immédiatement après le déchargement de la cargaison, une des copies du manifeste, fournies à la Douane de St-Nazaire et dûment annotées pour toutes les déclarations d'entrée reçues en ce port, sera transmise à l'Inspecteur sédentaire à Nantes pour servir à l'apurement définitif du manifeste original. Sur cette copie, devra être indiqué, en regard des articles concernant les marchandises débarquées et vérifiées à Saint-Nazaire, le poids brut reconnu à la vérification.

4° En ce qui concerne les chargements, lorsque des marchandises devront être embarquées ou transbordées à Saint-Nazaire sur un navire mis en compte ouvert à Nantes, la Douane de Saint-Nazaire est autorisée à recevoir les déclarations et à délivrer les expéditions. Ces opérations feront l'objet d'un manifeste spécial.

Lors de l'expédition du navire, ce manifeste sera annexé à celui formé à Nantes pour les opérations qui se seront accomplies dans ce port

5° Le commerce de Nantes est maintenu en possession de la faculté de faire des déclarations et de lever ce permis à la Douane de ce port pour les marchandises dont il voudra effectuer l'embarquement à Saint-Nazaire. Dans ce cas, la Douane de Saint-Nazaire continuera à en opérer la vérification pour le compte de celle de Nantes.

6° Les marchandises figureront, tant pour l'entrée que pour la sortie, dans la statistique commerciale du bureau qui aura reçu les déclarations.

7° Le présent ordre du service etc................

....

Saint-Nazaire est considéré comme l'avant-port de Nantes. Un régime mixte est accordé au commerce pour ses opérations entre ces deux ports :

Décision administrative du 9 avril 1858.

1° Régime résultant de la législation générale, si le commerce entend entreposer ses marchandises à Saint-Nazaire, ou y acquitter les droits de navigation et d'entrée.

2° Régime spécial du réglement du 6 décembre 1842,

sur la navigation dans la partie maritime de la Loire lorsque les armateurs voudront satisfaire à Nantes aux conditions du tarif, bien que leurs navires restent à Saint-Nazaire.

Il est formellement entendu que l'un des deux régimes, le régime général ou le régime spécial, s'étendra à la série entière des opérations relatives à un même navire. (Extrait d'une lettre de l'Administration du 9 avril 1858.)

SECTION CINQUIÈME.

ALLÉGEMENTS ACCIDENTELS.

§ 1er. — *Allégements à Saint-Nazaire.*

Manifeste. Copie remise.

ART. 33. — Tout Capitaine d'un navire entrant en Loire et qui ne pourra point dépasser Saint-Nazaire sans commencer son allégement, sera tenu de remettre au bureau de ce port une copie, certifiée par lui, de son manifeste, à titre de déclaration sommaire. Cette copie sera collationnée par le Receveur sur le manifeste original, qui, après avoir été exhibé, pourra être remis au capitaine.

Allégement.

ART. 34. — Un permis sera délivré et il sera procédé conformément à ce qui est prescrit aux articles 8, 9 et 10. Le Vérificateur de Saint-Nazaire remplira les obligations imposées au Vérificateur.

Ce Vérificateur et le Capitaine des Douanes devront

exercer sur le sous-brigadier et le préposé cotés à l'opération, une surveillance incessante.

Les articles 11, 12, 13, 14 et 15 seront, d'ailleurs, de tous points, applicables à Saint-Nazaire comme à Paimbœuf.

Remise du manifeste.

Art. 35. — Quand le navire aura été allégé et qu'il sera en mesure de monter à Paimbœuf ou à Nantes, le Receveur, après avoir annoté sur la copie du manifeste restée en ses mains, les opérations d'allégement, la transmettra immédiatement, soit à l'Inspecteur sédentaire à Nantes soit au Receveur principal à Paimbœuf, selon que la cargaison du bâtiment sera destinée pour l'un ou l'autre de ces deux ports.

Transmission de la copie à Paimbœuf ou à Nantes.

Suite d'allégement à Paimbœuf.

Art. 36. — Le navire, déjà allégé en partie à Saint-Nazaire, étant arrivé à Paimbœuf ou à Nantes, les dispositions contenues dans les sections 2, 3 et 4 seront, selon le cas, appliquées.

Seulement dans l'espèce prévue par les art. 17, 22 et 23, le Receveur de Paimbœuf aura à reporter sur la copie du manifeste dont il y est parlé, les annotations relatives à l'allégement partiel effectué à Saint-Nazaire.

Art. 37. — (Supprimé).......................

§ 2. — *Allégement en quarantaine.*

Art. 38. — Les navires contumaces pourront être allégés pendant le cours de la quarantaine (décision administrative du 25 janvier 1840.)

Mesures préliminaires.

Art. 39. — Toutes les fois qu'un navire sera signalé par le service de santé à Saint-Nazaire, le service des Douanes de ce port le surveillera de manière à s'assurer que ce même navire ne sera point abordé par des embarcations venues d'un des points quelconques des deux rives; ce que les employés devraient empêcher.

Mode d'allégement.

Art. 40. — Quand un navire en quarantaine sur la rade de Saint-Nazaire demandera à alléger, il sera procédé conformément à ce qu'il est prescrit par les articles 7, 8, 9 et 10 du présent réglement. Seulement, les chefs pourront surveiller les opérations que de loin, à l'aide d'embarcations qui ne devront s'approcher du navire et des alléges qu'à la distance voulue par les réglements sanitaires.

Les employés mis en quarantaine.

Art. 41. — Le sous-brigadier et le préposé cotés à l'allégement, resteront à bord pendant tout le temps de la quarantaine, et ils y seront nourris aux dépens de l'Armateur et non du Capitaine. (Décision administrative du 25 janvier 1840.)

Libre pratique. Départ des alléges.

Art. 42. — Quand le navire sera admis à libre pratique et seulement alors, les alléges pourront quitter la rade de Saint-Nazaire, après que toutes les formalités indiquées par les articles 11 et suivants jusqu'à l'article 15 auront été remplies.

Escorte.

Art. 43. — Toute gabare qui aura servi à l'allégement d'un navire en quarantaine, sera toujours escortée de Saint-Nazaire jusqu'à Nantes, par un préposé placé à bord. Les frais d'escorte seront à la charge de l'administration.

§ 3. — *Allégements pour force majeure, en cours de navigation dans la Loire.*

Déclaration.

Art. 44. — Lorsqu'un navire entièrement chargé ou allégé seulement en partie, se trouvera, en remontant de Saint-Nazaire à Nantes, dans l'impossibilité, soit de franchir l'une des passes de la Loire, soit par une cause quelconque de continuer sa route, il pourra alléger en cours de navigation (1). A cet effet, le Capitaine devra faire au bureau des Douanes le plus voisin, une déclaration énonciative de la demande d'allégement et de la circonstance de force majeure qui la motive. Il devra pareillement déposer au même bureau son manifeste original, ou la copie de ce manifeste, dans le cas prévu par l'article 17.

Visite sommaire. Allégement.

Art. 45. — Les employés du service actif, sur la réquisition du Receveur, auront à vérifier et à constater la réalité de la force majeure. Ensuite, le Receveur, délivrera un permis d'allégement, et il sera procédé conformément à ce qui est prescrit par les articles 8, 9 et 10. Le Visiteur du bureau, ou, quand il n'y en aura pas, le Receveur, régularisera le permis d'allége et fera fonc-

---

(1) Les allégements entre Paimbœuf et Saint-Nazaire peuvent également être autorisés, dans les cas de nécessité.

Le chef local doit prendre le soin de faire escorter les alléges. (Lettre du Directeur du 28 février 1832.)

tions de Vérificateur. Ce même Receveur, l'officier et le chef de service actif de la localité surveilleront et dirigeront le sous-brigadier et le préposé cotés au transbordement.

Départ du navire allégé. Manifeste.

Art. 46. — L'allégement étant terminé, et le navire pouvant continuer sa navigation, le Capitaine reprendra au bureau le manifeste ou la copie qu'il y aura déposée, sur lesquelles pièces le Receveur aura dû annoter l'opération d'allégement.

Dép. de l'allége. Plombage. Escorte.

Art. 47. — Quant à la gabare ayant servi d'allége et au patron qui la commandera, on se conformera aux dispositions contenues dans les art. 11, 15 et 16. Cette gabarre devra, en outre, être escortée jusqu'à Nantes par un préposé des Douanes. Les frais d'escorte sont à la charge de l'administration.

SECTION SIXIÈME.

DISPOSITION EXCEPTIONNELLE.

Petites parties de marchandises admises à Paimbœuf.

Art. 48. — Par exception, de simple tolérance, aux dispositions des articles 20 et 22 de la Loi du 28 avril 1816, le Receveur principal de Paimbœuf pourra continuer à admettre au paiement des droits, des parties de marchandises dont l'importance n'excédera jamais 600 kil. par navire et en appliquant toujours de préférence cette latitude aux pacotilles des équipages et passagers. (Décision administrative (1) du 13 juillet 1818.)

(1) Cette décision fait partie des dispositions arrêtées par M. de Saint-Cricq, alors Directeur Général des Douanes, lors de son passage à Nantes.

Art. 49. — Lorsque le Receveur de Paimbœuf usera de la tolérance rappelée en l'article précédent, à l'égard des denrées provenant de nos colonies, il ne pourra en donner la libre disposition qu'après avoir exigé une soumission cautionnée, de payer la différence entre le droit modéré et celui du tarif général, dans le cas où l'admission de la cargaison au privilége ne serait pas accordée.

Soumission provisoire à exiger.

Art. 49 *bis*. — Les chefs locaux sont autorisés à admettre ces objets à la modération des droits, lorsqu'il ne s'élève à leur égard aucune suspicion d'origine étrangère ; cette application sera restreinte aux petites quantités de denrées coloniales, fruits frais ou préparés et autres produits provenant notoirement des colonies ; tous les articles fabriqués sont exclus du bénéfice de cette délégation. (Lettre du Directeur du 1er mai 1863.)

La Douane de Saint-Nazaire devra régulariser tous les manifestes en ce qui concerne les provisions et les menus approvisionnements indiqués ci-dessus, des navires qui, mis en déclaration, (Lettre du Directeur du 28 juin 1861) à la Douane de Nantes, opèrent leur déchargement dans le port de Saint-Nazaire.

Bureau de Saint-Nazaire. Navires venant des Colonies. Menus approvisionnem^ts des équipages et des passagers.

Art. 50. — Le Receveur principal devra annoter sur le manifeste original, ou sur la copie du manifeste, dans les cas prévus par les art. 17 et 23, les marchandises ainsi admises aux droits à Paimbœuf. Puis, quand l'autorisation de les admettre définitivement sera parvenue à ce comptable, il adressera aussitôt, suivant le modèle annexé à la circulaire manuscrite du 30 avril

Annotations sur le manifeste.

Admission définitive. Etat à envoyer à la Douane de Nantes.

1817, un état de ces mêmes petites parties de marchandises à l'Inspecteur sédentaire à Nantes, qui en fera insérer l'objet dans l'état général de la cargaison.

CHAPITRE DEUXIÈME.

EXPORTATIONS.

Papiers de Navigation.

Art. 51. — Tout navire qui sort de la Loire et prend la mer doit être muni d'un congé, s'il est français, ou d'un passe-port, s'il est étranger (Lois des 27 vendémiaire an 2, art. 22 et 37, et 6 mai 1841, art. 20.) Le congé et le passe-port ne pourront être délivrés que par la Douane qui aura constaté, sous le rapport de la navigation, l'entrée du bâtiment. Si le congé n'est pas périmé il sera simplement visé pour départ. Ces pièces seront ensuite, s'il y a lieu, visées dans les autres ports de la Loire, où le navire pourra aller prendre ou compléter son chargement.

Sortie du navire. Où constatée.

Art. 52. Les navires qui sortent de la Loire pour prendre la mer, avec une destination autre que le cabotage seront soumis aux règles suivantes, selon qu'ils se trouveront dans l'un des deux cas ci-après, savoir :

1° S'ils sont expédiées pour une colonie française.

2° S'ils vont à l'étranger.

SECTION PREMIÈRE.

NAVIRES EXPÉDIÉS POUR LES COLONIES FRANÇAISES.

Déclarations. Où reçues.

Art. 53. — Le port de Nantes et celui de Saint-Nazaire, étant les seuls de ceux de la Loire, qui soient ouverts au commerce des colonies, c'est à la Douane de ces résidences que les déclarations doivent être reçues, les vérifications faites, les permis (1) et toutes les expéditions de la Douane délivrées, pour toute marchandise expédiée à la destination des colonies. Toutefois, comme Paimbœuf jouit de l'entrepôt général des sels, la Douane de ce port pourra permettre le chargement à cette destination, de quantités de cette denrée, soit pour provision, soit comme objet de cargaison, et dans ce cas elle délivrera une expédition spéciale.

Elle pourra expédier pareillement les houilles étrangères, extraites de l'entrepôt de ce port à destination de nos colonies. (Décision du 6 septembre 1842.)

Chargement commencé à Nantes.

Art. 54. — Si un navire en charge pour les colonies commence son chargement à Nantes, les réglements généraux sont appliqués à la partie de la cargaison mise à bord dans le port même. Quand, ensuite, ce navire veut dériver pour se placer dans le port ou sur la rade de Paimbœuf (2) et y attendre le complément des mar-

(1) La lettre de l'Administration du 14 février 1842 permettait la délivrance à la Douane de Paimbœuf de toutes les expéditions pour les colonies, sauf les expéditions de primes.

(2) Ou sur celle de Saint-Nazaire. (Décision administrative du 19 septembre 1854.)

chandises qui lui sont destinées, il ne peut le faire qu'en vertu d'un permis spécial, dit permis de dériver et détaché d'un registre à talon ; et, en outre, s'il est chargé de marchandises extraites d'entrepôt, il doit être escorté jusqu'à cette station par les employés du service actif des Douanes. Les frais d'escorte sont à la charge de l'administration.

Permis de dériver.

Escorte.

La Douane de Paimbœuf est autorisée à délivrer des permis provisoires d'embarquement pour des marchandises destinées pour les colonies. Ces permis étaient ensuite remplacées par des permis définitifs émanant de la Douane de Nantes ou de Saint-Nazaire, lesquelles peuvent seules faire des opérations avec nos possessions d'outre-mer.

Cet usage peut continuer à subsister aux conditions suivantes :

1° Quand l'expéditeur sera étranger à Paimbœuf, ou ne paraîtra pas offrir toute garantie de solvabilité, les droits de sortie seront consignés en numéraire avant l'embarquement de la marchandise.

2° Si la solvabilité de l'expéditeur est notoire, les droits d'exportation seront garantis par une consignation en numéraire ou par une soumission cautionnée de payer ces droits, dans le cas où le permis provisoire ne serait pas échangé, avant le départ du navire, par un permis définitif.

3° Les marchandises dont la sortie pour l'étranger est prohibée temporairement ou d'une manière générale, sont exclues de la faculté accordée par la présente.

4° En cas de consignation en numéraire, les droits

seront restitués après la régularisation du permis définitif délivré par la Douane de Nantes. (Lettre du Directeur à Nantes, en date du 10 janvier 1855.)

Les embarquements qui ont lieu sur des navires allant à l'étranger peuvent avoir lieu aux mêmes conditions, si d'ailleurs ces navires sont en déclaration à Nantes. (Lettre du Directeur à Nantes, en date du 10 janvier 1855.)

Art. 55. — Quand le navire dérive jusqu'à Paimbœuf ou Saint-Nazaire, sur lest, ou chargé seulement de marchandises nationales, le permis spécial dont il est parlé en l'article précédent, doit toujours être pris, mais l'escorte n'a pas lieu.

Chargement commencé ou terminé à Paimbœuf ou à Saint-Nazaire.

Art. 56. — Les marchandises déclarées à la Douane de Nantes, pour être expédiées à destination d'une colonie française et qui doivent être chargées sur un bâtiment en station à Paimbœuf ou à Saint-Nazaire (Décision administrative du 19 septembre 1854), sont l'objet d'un permis en vertu duquel, après vérification et après soumission préalable, quand il y a lieu (1), elles sont placées sur une gabare servant d'allége, et devant les transporter jusqu'à Paimbœuf ou Saint-Nazaire (2).

---

(1) La soumission préalable est exigée quand il s'agit de marchandises extraites d'entrepôt.

(2) Lorsque des marchandises doivent être embarquées à Paimbœuf sur un navire mis en déclaration à Nantes, la Douane de cette dernière résidence où toutes les expéditions relatives au chargement doivent être délivrées, doit se borner à mettre sur la déclaration : « A prendre à Paimbœuf » et non : « Bon à embarquer. »

Alléges. Leur forme.

Art. 57. — Les gabares qui transporteront à cette destination des marchandises extraites d'entrepôt, qu'elles soient en vrac, comme les barres de fer, ou réunis en colis non plombés, devront être pontées et fermées d'écoutilles. Tout autre allége serait dans ce cas refusée.

Plombage des alléges. Dans quel cas.

Art. 58. — Toute gabare servant d'allége, chargée, en tout, ou en partie, des marchandises énoncées en l'article précédent, sera scellée du plomb de la Douane, lequel sera apposé sur les écoutilles et sur les parties de la gabare communiquant ou pouvant communiquer avec la cale (1).

Estampillage.

Art. 59. — Si la gabare contient à la fois et des marchandises nationales et des marchandises étrangères extraites d'entrepôt, ces dernières seront revêtues d'une estampille apposée sur chaque colis. (Décision administrative (2) du 13 juillet 1818.)

Quand la forme des colis, paniers, etc., peut faire craindre que l'estampillage ne soit pas aperçu, le plombage doit être exigé. (Décision administrative du 22 avril 1843.)

Navigation de la gabare.

Art. 60. — Le patron de la gabare devra être porteur des permis dont il est parlé en l'article 56 et à

(1) La gabare ne sera pas plombée, si elle ne contient que des marchandises nationales, ou d'autres marchandises plombées par colis.

(2) Cette décision fait partie des dispositions arrêtées par M. de Saint-Cricq, alors Directeur général des Douanes, lors de son passage à Nantes en 1818.

son arrivée à Paimbœuf ou à Saint-Nazaire, il aura à les déposer à la Douane, à l'appui de sa déclaration de transbordement, laquelle ne serait pas reçue si ces mêmes permis n'étaient pas représentés. Toutefois, si le vent ou la marée forçait le patron de partir de Nantes avant que ces mêmes permis eussent pu être régularisés, les expéditeurs les lui feraient tenir en temps utile à Paimbœuf ou à Saint-Nazaire (1) et la gabare dériverait en vertu du permis spécial indiqué en l'article 54.

Permis dont les patrons doivent être porteur.

Art. 61. — Les marchandises ainsi expédiées de la Douane de Nantes sur celle de Paimbœuf ou de Saint-Nazaire seront dispensées de la formalité de l'acquit-à-caution exigé par l'article 11, titre XIII, de la loi du 22 août 1791, ainsi que de la vérification en ce dernier port. Il sera procédé à Paimbœuf ou à Saint-Nazaire, par voie de simple transbordement de l'allége sur le navire.

Dispense de l'acquit-à-caution.

Art. 62. — Le Receveur de Paimbœuf ou de Saint-Nazaire, après avoir reçu et fait enregistrer la déclaration de transbordement, apposera sur le permis représenté par le patron et émanant de la Douane de Nantes, *un vu bon à transborder* relatant, la date et le numéro de la déclaration.

Déclaration de transbordement à Paimbœuf ou à Saint-Nazaire.

Art. 63. — Il sera procédé au transbordement, en ce qui concerne le service des Douanes, de la manière suivante :

Mode de procéder au transbordement.

(1) Décision administrative du 19 septembre 1854.

S'il s'agit de marchandises nationales, autres que de primes, le transbordement s'opèrera sous les yeux d'un ou de plusieurs préposés désignés par le Sous-Inspecteur, lesquels préposés travailleront sous la direction et la surveillance des chefs du service actif. Le permis sera ensuite régularisé par un Vérificateur coté à cet effet.

S'ils s'agit de marchandises de primes, de transit, ou extraites d'entrepôt :

1° Un Vérificateur sera coté par chaque gabare. Il transcrira sur son portatif le permis de la Douane de Nantes;

2° En même temps qu'un Vérificateur sera coté, le Sous-Inspecteur ou le Capitaine désignera un sous-brigadier, ou un préposé.

Le Vérificateur sera placé sur la gabare, et le sous-brigadier, ou le préposé sur le navire, de manière à agir contradictoirement, sans se concerter entr'eux ;

3° Le Vérificateur sera muni de son portatif et le préposé, ou sous-brigadier, d'un carnet; chacun d'eux aura un appareil à plaques mobiles. Sur le carnet ne sera point recopié le contenu du permis de la Douane de Nantes; il suffira d'y mentionner le nom de la gabare, celui du patron, la nature des marchandises, le nom du navire, celui du capitaine et le lieu de la destination ;

4° Ensuite, le Vérificateur et le sous-brigadier, ou le préposé, indiqueront, à l'aide de barres, comme pour les chargements de sel, le nombre des colis transbordés, lesquels seront comptés au moyen de l'appareil à plaques mobiles dont il est parlé plus haut. Le Vérificateur s'assurera que les plombs des colis sont sains et intacts;

que ces mêmes colis portent bien les mêmes marques et numéros que ceux énoncés au permis; qu'enfin rien ne peut faire soupçonner une substitution de marchandises en cours de transport sur la Loire;

5° Pendant l'opération, le Sous-Inspecteur ou le Capitaine devra se transporter souvent sur les bâtiments, à l'effet de s'assurer que la Vérificateur et le sous-brigadier, ou le préposé, opèrent avec méthode et exactitude, et sans se concerter. Le Sous-Inspecteur ou le Capitaine aura à constater sa présence à bord, le premier par des visa apposés sur les carnets des deux agents, et le second, par des visa apposés sur les carnets des agents du service actif;

6° Après l'opération, le carnet du sous-brigadier, ou du préposé, sera remis au Vérificateur qui en fera le récolement et qui en constatera les résultats tant sur son portatif que sur les permis. Ces permis, après avoir été vérifiés et visés par le Sous-Inspecteur, seront renvoyés à la Douane de Nantes, pour servir à libeller les expéditions destinées à assurer le transport des marchandises, jusqu'à la colonie. Dans le cas où le portatif et le carnet ne seraient pas d'accord et où une différence aurait été reconnue, il devrait en être fait mention sur le permis (1).

Visa des expéditions au départ du navire de Saint-Nezaire.

Art. 64. — Aucun navire, chargé à destination des colonies, ne pourra quitter la rade de Paimbœuf ou de

(1) Le certificat à apposer au dos des permis ou expéditions de Nantes, pourra être libellé comme suit: «Vu à Paimbœuf ou à Saint-Nazaire où l'arrimage de la cargaison ne nous a pas paru dérangé.» (Lettre du Directeur du 5 mars 1857.)

Saint-Nazaire (1) sans que le capitaine ait fait viser, au bureau de cette résidence, son congé, son acquit-à-caution et toutes ses expéditions délivrées à la Douane de Nantes.

SECTION DEUXIÈME.

NAVIRES ALLANT A L'ÉTRANGER.

§ 1er. — *Exportations.*

Marchandises nationales. Bureaux ouverts à leur exportation.

Art. 65. — Tous les bureaux de Douanes placées sur la Loire depuis Nantes, jusqu'à Saint-Nazaire, étant ouverts à l'exportation de toutes les marchandises nationales (celles de primes exceptées), et des produits du sol, y compris les grains, les opérations relatives à une exportation de marchandises, doivent se compléter au bureau dans l'étendue duquel ces mêmes marchandises ont été enlevées. (2)

Déclarations, visites, etc. Où faites.

Art. 66. — Par suite du principe posé en l'article précédent, toute marchandise destinée à être expédiée pour l'étranger, devra être déclarée et vérifiée au bureau des Douanes dans l'entendue duquel elle se trouvera. C'est à ce bureau que la liquidation et la perception des droits seront faites, et que l'acquit de paiement sera délivré.

(1) Décision administrative du 19 septembre 1854.

(2) Une lettre de l'administration du 5 mai 1830 autorise la Douane de Nantes à diriger sur Saint-Nazaire, directement pour y être transbordées, les marchandises de toute nature, mêmes celles de primes.

Chargement sur le navire même. Paiement des droits de sortie. Exception. Mode à suivre.

Art. 67. — Quand le navire sera dans le port même où la déclaration aura été faite, la mise à bord de la marchandise sera immédiate, et le bâtiment ne pourra dériver que lorsque le Capitaine se sera muni de l'acquit de paiement des droits, conformément à ce qui est prescrit par l'art. 13, titre II, de la loi du 22 août 1791. Toutefois, comme à la Douane de Nantes, la délivrance de l'acquit de paiement pourrait éprouver quelques lenteurs résultant de la multiplicité des opérations qui se réalisent dans un grand port, on suivra, pour éviter ces retards, la marche suivante : le commerce fournira la déclaration (M. 23 bis.) en double expédition. Deux permis seront délivrés, dont un pour duplicata. Sur les deux permis seront consignés les résultats de la visite et inscrit le vu embarquer. L'un des deux permis, qui ne devra jamais quitter les mains du service, sera remis immédiatement à la Douane pour servir à la liquidation des droits, afin d'éviter les demandes en remboursement de droits perçus sur des marchandises qu'on n'a pu embarquer ; le Directeur a décidé, le 23 février 1858, que les perceptions ne s'opéreront qu'au retour du permis. L'autre permis, revêtu des annotations ci-dessus indiquées, sera conservé par le Capitaine pour être représenté à la Douane de sortie.

Chargement par alléges.

Art. 68. — Si le navire est en station à Paimbœuf ou à Saint-Nazaire (1), la marchandise, après avoir été déclarée et vérifiée au bureau dans l'étendue duquel elle aura été prise, et après que les droits dont elle sera passible auront été perçus, sera transportée jusqu'au bâtiment exportateur, soit à l'aide d'une gabare, soit par tout autre moyen.

(1) Décision administrative du 19 septembre 1854.

Exception au paiement préalable des droits.

A Nantes, pour éviter tout retard, il sera procédé comme il est dit en l'article précédent. Mais, pour les opérations de l'espèce qui auront lieu à Chantenay ou à la Basse-Indre, l'acquit de paiement accompagnera la marchandise.

Circulation en Loire des marchandises déclarées pour l'exportation.

ART. 69. — Les marchandises nationales transportées par gabares, ou autrement, de Nantes, ou dans l'un des bureaux en aval de ce port, pour être chargées sur le bâtiment exportateur en station à Paimbœuf ou Saint-Nazaire, circuleront en rivière à la faveur, soit des acquits de paiement y relatifs, soit des permis émanant de la Douane de Nantes, comme il est dit aux articles 67 et 68. Arrivées à Paimbœuf ou à Saint-Nazaire, et, après déclaration préalable, elles seront transbordées sur le navire, sous la simple surveillanee du service actif, qui le constatera par un visa apposé sur les permis de dériver ou les acquits de de paiement, selon le cas.

Départ du navire. Manifeste de sortie.

ART. 70. — Quand le navire aura complété son chargement à Paimbœuf ou Saint-Nazaire (1), soit de marchandises prises dans le port même, soit de marchandises qui y auront été transbordées, après être venues des autres ports de la Loire, par alléges ou par tout autre moyen de transport, le bureau de Paimbœuf ou Saint-Nazaire (2), avant de viser le manifeste de sortie, devra s'assurer qu'il comprend toute la cargaison; ce que le Capitaine, ou le courtier, aura pu faire à l'aide des permis de la Douane de

(1) Décision administrative du 19 septembre 1854.

(2) Décision administrative du 19 septembre 1854.

Nantes, ou des acquits de paiement délivrés dans les autres bureaux.

Etats de navigation. Sortie.

Art. 71. — Sous le rapport de la navigation, la délivrance, ou le visa pour départ, du congé, ou la délivrance du passe-port, et la constatation régulière de la sortie du bâtiment auront lieu conformément à ce qui est prescrit en l'article 51 ci-dessus.

Art. 71 *bis*. — (Comme au folio 26, art. 32 *bis*.)

§ 2. — *Réexportations.*

Art. 72. — Les réexportations concernent :

1° Les marchandises extraites des entrepôts de Nantes, ou expédiées en transit.

2° Les marchandises extraites des entrepôts de Saint-Nazaire ou expédiées en transit.

3° Les marchandises transbordées par application de la circulaire de l'Administration, n° 1846.

Marchandises d'entrepôt et de transit.

Art. 73. — Le port de Nantes et celui de Saint-Nazaire étant les seuls de ceux de la Loire qui jouissent de l'entrepôt réel et de l'entrepôt fictif, et qui soient ouverts au transit, c'est à la Douane de l'une de ces résidences que les déclarations doivent être reçues, les vérifications faites et toutes les expéditions de Douane délivrées, pour toutes marchandises extraites des entrepôts de Nantes ou de Saint-Nazaire à destination de l'étranger ou expédiées en transit.

Sur quels navires, chargées.

Art. 74. — Ces marchandises ne pourront être chargées qu'à bord des navires qui seront en déclaration régulière de sortie à la Douane de Nantes ou à celle de Saint-Nazaire, conformément à ce qui est indiqué dans l'article 51 ci-dessus, que le navire soit en charge dans ce port même, ou qu'il prenne ou complète son chargement en rade de Paimbœuf.

Soumission. Permis.

Art. 75. — Toute marchandise extraite d'entrepôt à destination de l'étranger doit faire préalablement l'objet d'une déclaration avec soumission. (Série M. 35 A.) et d'un permis de réexportation. (Loi du 21 avril 1818, art. 61.) (34, 34 bis A, 34 bis B.)

Chargement : à Nantes ; marchandises extraites des entrepôts de Nantes, ou expédiées en transit sur un navire mis en déclaration de la Douane de cette résidence ; — A Paimbœuf. — Alléges.

Art. 76. — Si le navire exportateur est à Nantes, la marchandise sera immédiatement mise à bord, et elle sera convoyée jusqu'au bas de la Loire par des employés du service actif des Douanes. (1) Si ce navire est en station à Paimbœuf, la marchandise y sera transportée par alléges. En ce qui concerne la forme de la gabare servant d'allége, le plombage de cette même gabare, l'estampillage des marchandises quand il y aura lieu, et l'escorte des préposés, les dispositions des articles 57, 58 et 59 du présent réglement, seront applicables de tous points.

Départ des alléges. Permis dont les patrons doivent être pourvus.

Art. 77. — Le patron de la gabare devra toujours être porteur des permis de réexportation et il aura à les présenter à la Douane de Paimbœuf à l'appui de la demande en transbordement. Toutefois, si le vent ou la marée for-

(1) Ces employés sont, dans ce cas, porteurs d'une feuille d'accompagnement : serie L. Nantes, n° 2.

çait le patron à partir de Nantes, avant que ces mêmes permis eussent pu être revêtus du certificat de visite, les expéditeurs des marchandises les lui feraient tenir à Paimbœuf en temps utile, et la gabare partirait en vertu du permis de dériver dont il est parlé en l'art. 54 ci-dessus.

ART. 78. — La Douane de Paimbœuf devra constater régulièrement le transbordement des marchandises de la gabare sur le navire exportateur, et à cet effet, il sera procédé conformément à ce qui est prescrit par les art. 62 et 63. Transbordement.

ART. 79. — Quand le service de Paimbœuf aura constaté l'existence (1), à bord du navire exportateur des marchandises en réexportation, soit qu'elles aient été chargées immédiatement sur ce même navire, ou qu'elles n'y aient été mises qu'après transport par alléges et transbordement, il placera des préposés sur le bâtiment qui sera escorté (2) par eux jusqu'à la mer. Ensuite, les permis, Départ du navire. Escorte.

(1) Pour les marchandises étrangères expédiées sur un autre port français, par voie de simple transbordement (voir *Cabotage*, article 94); la reconnaissance à bord des marchandises de réexportation, de primes, etc., s'effectuera autant que possible au vu des manifestes de sortie. (Lettre du Directeur du 12 novembre 1855.) Quand les employés ne pourront, vu l'encombrement de la cale, reconnaître l'existence des marchandises à bord des navires, ils revêtiront les expéditions d'un visa ainsi conçu: — « Vu à..... où l'arrimage de la cale ne nous a pas paru dérangé. »

(2) L'obligation de l'escorte à l'égard des marchandises de réexportation pourrait n'être pas aussi absolue que le prescrit l'art. 79,

Visa et renvoi des expéditions.

après avoir été révêtus de tous les visa prescrits seront renvoyés à la Douane de Nantes, chargée de faire annuler les soumissions ou d'en poursuivre l'effet.

A Saint-Nazaire.

ART. 79 *bis*. — Si le navire exportateur est à Saint-Nazaire, la marchandise y sera transportée soit par alléges, aux conditions indiquées ci-dessus sous les numéros 76, 77, 78 et 79, soit par le chemin de fer, sous le régime du transit international; toutes les expéditions seront levées à la Douane de Nantes et transmises à celle de Saint-Nazaire qui constatera l'identité de la marchandise, en assurera l'embarquement et renverra ensuite à la Douane de Nantes toutes les pièces dûment régularisées.

Marchandises extraites de l'entrepôt de Saint-Nazaire pour être embarquées sur un navire en déclaration à Nantes.

ART. 79 *ter*. — Dans le cas indiqué ci-dessus, c'est-à-dire si le navire exportateur mis en déclaration de sortie à Nantes, est ancré à Saint-Nazaire, le commerce de ce dernier port a la faculté d'embarquer à bord de ce navire des marchandises extraites de l'entrepôt de sa résidence en remplissant les formalités de Douane au bureau de Saint-Nazaire qui est, à cet effet, autorisé à recevoir les déclarations et à délivrer les expéditions. (Voir l'art. 71 bis, § 2.)

Ce bureau comprendra ces marchandises dans le manifeste spécial qu'aux termes de l'art. 71 bis; il doit former et envoyer, lors de l'expédition du navire, à l'Inspecteur sédentaire à Nantes, pour être annexé à celui formé à

---

car il existe plusieurs espèces de marchandises, telles par exemples que les fers, les laines, les houilles, pour lesquelles cette mesure préventive ne paraît pas nécessaire. Cette observation s'applique aux nos 82, 83 et 84. (Lettre administrative du 14 février 1842.)

Nantes pour les opérations qui se seront accomplies dans ce port.

Les marchandises extraites de l'entrepôt de Saint-Nazaire qui font l'objet du présent article figureront dans la statistique commerciale du bureau de ce port. Statistique commerciale.

Art. 80. — Les marchandises étrangères de la nature de celles qui sont admissibles dans les entrepôts réels ou fictifs, importées par navires français ou étrangers, peuvent être réexportées, sous tous pavillons, par voie de simple transbordement et sous la condition de l'accomplissement des formalités prescrites par la circulaire administrative du 20 avril 1841, n° 1846. Marchandises réexportées par transbordement.

Art. 81. — Le transbordement pourra avoir lieu, soit dans le port de Nantes, soit dans celui de Paimbœuf, soit dans celui de Saint-Nazaire, selon que les bâtiments se trouveront dans l'un de ces ports; mais quand il se fera dans ce dernier port, celui de Paimbœuf, ce ne pourra être qu'après déclaration reçue à la Douane de Nantes ou à celle de Saint-Nazaire et permis délivré par l'une de ces mêmes Douanes, à laquelle ce permis sera renvoyé, après avoir été revêtu du certificat de visite et des divers visa y indiqués, pour servir à la formation des états d'entrée et de sortie, commerce général. Déclaration. Où reçue.

Art. 82. — Si le navire importateur et le navire réexportateur sont tous deux dans le port de Nantes et que le transbordement s'y accomplisse entièrement, le bâtiment exportateur sera convoyé (1) par des préposés Transbordement à Nantes.

---

(1) Voir la note 2 de l'article 79.

du service actif des Douanes, de Nantes à la mer. Ces préposés seront porteurs de permis de transbordement, tenant lieu du permis de réexportation ; ils y apposeront les certificats d'escorte et de mise en mer. Puis, ce permis sera renvoyé à la Douane de Nantes, pour servir, comme il est dit en l'article précédent, aux écritures de la balance du commerce.

Transbordement à Nantes, Paimbœuf et Saint-Nazaire. Alléges.

ART. 83. — Quand le navire importateur sera à Nantes et le navire exportateur à Paimbœuf ou à Saint-Nazaire, le transbordement aura lieu d'abord, avec toutes les formalités prescrites, du premier bâtiment sur des gabares pontées et fermées d'écoutilles, lesquelles gabares seront scellées du plomb de la Douane et *convoyées* (1) par les préposés jusqu'au port de Paimbœuf ou de Saint-Nazaire. Là, un autre transbordement s'effectuera dans la forme et de la manière énoncées aux articles 62 et 63.

Permis de transbordement visé et renvoyé.

ART. 84. — Dans le cas prévu par l'article précédent, le permis détaché du registre série M. n° 10 bis, et qui aura été revêtu à Nantes du certificat de visite, accompagnera la gabare jusqu'à Paimbœuf ou à Saint-Nazaire, où il sera déposé à la Douane pour appuyer la demande du second transbordement. Après cette dernière opération, dûment annotée sur le permis, le bâtiment sera surveillé par des préposés placés à bord et qui *l'escorteront* (2) jusqu'à sa mise en mer. Ce même permis, revêtu de tous les visa prescrits, sera, en définitive, renvoyé à la Douane de Nantes.

---

(1) Voir la note 2 de l'article 79.

(2) Voir la note 2 de l'article 79.

CHAPITRE TROISIÈME.

CABOTAGE.

SECTION PREMIÈRE.

CABOTAGE PAR EMPRUNT A LA MER.

Etats de navigat. Sortie. Entrée. Où constatées.

ART. 85. — Tout navire caboteur doit être, soit au départ, soit à l'entrée, muni d'un congé et d'un manifeste. Sous le rapport de la navigation, le dépôt et la délivrance de ces pièces, c'est-à-dire la sortie et l'entrée régulières de ce navire seront constatées, savoir : la sortie, dans le port de départ primitif, soit qu'il y complète son chargement, ou ne fasse que l'y commencer pour le compléter dans les autres ports de la Loire ; l'entrée, dans le port désigné dans les expéditions dont le Capitaine sera porteur.

§ 1er. — *Sortie.* (1)

Déclaration. Où reçue.

ART. 86. — Les marchandises destinées à être expédiées pour un port de France, devront être déclarées et vérifiées au bureau dans l'étendue duquel elles se trou-

(1) Les bateaux à vapeur faisant le cabotage entre Nantes et Bordeaux pourront, aux conditions indiquées dans la décision administrative du 17 mai 1851, déposer, dans une allége desservant le navire, une partie des marchandises composant le chargement.

veront. C'est à ce bureau qu'elles seront plombées, s'il y a lieu, et que l'acquit-à-caution ou le passavant, selon le cas, sera délivré.

Art. 86 *bis*. — Les bateaux à vapeur faisant le cabotage entre Nantes, Bordeaux et Lorient pourront déposer, dans une allége desservant le navire, une partie des marchandises composant le chargement, aux conditions suivantes : l'allége sera considérée comme le bateau même, elle ne pourra jamais s'en séparer pour attérir isolément sur un point quelconque du fleuve. Le Capitaine devra organiser un signal qui devra être arboré toutes les fois que l'on travaillera au transbordement en rivière ou qu'il existera des marchandises à bord de l'allége, afin que l'attention du service soit appelée sur cette embarcation partout où elle passera. (Lettre de l'administration du 17 mai 1851.)

Art. 86 *ter*. — Les bateaux à vapeur dont il est parlé ci-dessus sont autorisés à embarquer et à débarquer leurs marchandises tous les jours, sans en excepter les dimanches et les autres jours fériés, en dehors des heures légales et même pendant la nuit.

Les marchandises à embarquer auront dû être vérifiées durant les heures réglementaires ; celles à débarquer resteront sous la surveillance du service actif jusqu'à ce qu'elles aient été vérifiées. (Ordre de service de l'Inspecteur sédentaire du 6 février 1865, approuvé par le Directeur.)

Art. 87. — En principe, toute marchandise expédiée par cabotage doit être présentée en Douane où elle est vérifiée par les employés. (Lois du 22 août 1791, titre 2, article 6, et titre 3, art. 2.) Toutefois, quand il s'agira de marchandises nationales, ou de produits du sol, venues de l'intérieur à Nantes par la Loire, ils pourront être, sur l'autorisation de l'Inspecteur sédentaire, et en vertu d'un permis spécial, transbordés, du bateau qui les aura apportés, sur le navire caboteur, ou sur la gabare destinée à les transporter vers ce navire, pourvu que le commerce fournisse, à bord, les moyens de vérification et de plombage qui pourront être réclamés par le service. Cette concession ne constituera jamais un droit, et les employés seront toujours autorisés, quand ils le jugeront nécessaire, à faire mettre les marchandises à quai pour les vérifier et les plomber.

Mode de procéder au transbordement.

Art. 88. — Les opérations de transbordement dans le cas prévu par l'article précédent, seront suivies, autant que possible, par un Vérificateur. Dans tous les cas, elles devront être surveillées par le Vérificateur de la tente la plus voisine du lieu où elles se feront, et elles ne pourront être confiées qu'à des sous-brigadiers attachés à cette même tente. Le Vérificateur régularisera le permis, lequel, après avoir été visé par le Sous-Inspecteur chef de la section de la visite, sera renvoyé au bureau compétent pour servir à la délivrance de l'expédition de Douane, destinée à assurer le transport de la marchandise.

Chargement direct. Acquit-à-caution ou passavant.

Art. 89. — Quand le navire caboteur sera dans le port même où la déclaration aura été faite, la marchandise, après délivrance de permis et visite, sera immédiatement mise à bord, et le navire ne pourra dériver que lorsque le capitaine se sera muni de l'acquit-à-caution ou du passavant. Cependant à Nantes, si le vent ou la marée forçait le capitaine à partir avant que ces pièces eussent pu être régularisées, les expéditeurs les lui feraient tenir en temps utile à Paimbœuf ou à Saint-Nazaire, et le navire dériverait en vertu du permis spécial indiqué en l'article 54.

Permis de dériver. Dans quel cas.

Chargement indirect. Alléges.

ART. 90. — Si le navire est en station à Paimbœuf ou à Saint-Nazaire pour y attendre le complément de sa cargaison, la marchandise, après avoir été déclarée et vérifiée au bureau dans l'étendue duquel elle aura été prise, sera transportée jusqu'au bâtiment caboteur, soit à l'aide d'une gabare, soit par tout autre moyen. A Nantes, si le vent ou la marée forçait le patron de la gabare à partir avant la régularisation des expéditions de Douane, cette gabare, comme il est dit en l'article précédent relativement au navire, pourrait dériver en vertu du permis spécial, et ces expéditions seraient envoyées à Paimbœuf ou à Saint-Nazaire par les négociants qui auraient fait la déclaration. Mais à Chantenay et à la Basse-Indre, quand des opérations de l'espèce y auront lieu, l'acquit-à-caution ou le passavant, selon le cas, accompagnera toujours la marchandise.

Les bateaux à vapeur faisant le cabotage Nantes, Bordeaux et Lorient, peuvent à titre exceptionnel embarquer à Paimbœuf ou à Saint-Nazaire des marchandises sans que le Capitaine de ces bâteaux soit tenu de les y déclarer à l'entrée, d'y déposer ses déclarations et son manifeste et d'y renouveler cette dernière pièce. Ces marchandises seront purement et simplement ajoutées sur le manifeste de Nantes. Le registre de gros, série M. n° 2, sera annoté en y renvoyant aux expéditions dernières. (Lettre du Directeur du 19 octobre 1859.)

Soumission préalable.

Art. 93. — Aucune marchandise destinée à être expédiée par mutation d'entrepôt, comme aucune de celles qui, pour le cabotage, sont dans le cas de l'acquit-à-caution, ne sera l'objet d'un permis d'embarquer, sans qu'au préalable l'expéditeur et sa caution aient souscrit les soumissions exigées.

Marchandises étrangères expédiées par simple transbordement

Art. 94. — Les articles 81, 82, 83 et 84, seront applicables aux marchandises étrangères de la nature de celles admissibles dans les entrepôts, qui, aux termes de la circulaire du 29 avril 1841, n° 1846, peuvent être réexpédiées, par navires français, sur un autre port d'entrepôt, par voie de simple transbordement; mais, alors le permis de transbordement suivra la marchandise jusqu'au port de seconde destination, au lieu d'être renvoyé à la Douane de Nantes, où les écritures de la balance du commerce (entrée, commerce général) seront passées conformément à l'énoncé de la déclaration (1).

Dispositions générales.

Art. 95. — Les marchandises expédiées par cabotage et les marchandises expédiées par mutation d'entrepôt, qui seront transportées par gabare ou autrement, de Nantes, ou des bureaux en aval de Nantes, jusqu'au

(1) Dans ce cas, les préposés d'escorte seront porteurs d'une feuille d'accompagnement série L. Nantes, n° 2.

navire caboteur en station à Paimbœuf ou Saint-Nazaire circuleront en rivière à l'aide des aquits-à-caution ou des passavants délivrés, ou des permis de dériver émanés de la Douane de Nantes.

Circulation en Loire des marchandises déclarées et vérifiées.

Arrivées à Paimbœuf, et après déclaration préalable, les uns et les autres seront placées à bord du navire caboteur sous la simple surveillance du service actif qui le constatera par un visa apposé sur les expéditions.

Manifeste de sortie Visa.

ART. 96. — Quand le navire caboteur aura complété son chargement dans le port de départ primitif, c'est le bureau de ce port que vérifiera et visera le manifeste de sortie prescrit par l'article 2 de la loi du 5 juillet 1836, à moins que toute la cargaison ne fasse l'objet d'un seul acquit-à-caution ou d'un seul passavant, auquel cas cette expédition tient lieu de manifeste.

Do États de navigatº. Sortie.

ART. 97. — Dans le cas où le navire caboteur n'aura pas pris au port de départ primitif, son entier chargement, c'est le bureau du port où ce même chargement aura été complété, soit de marchandises prises sur le lieu même, soit de marchandises y apportées par gabare, ou autrement, comme il est dit en l'article 90, qui vérifiera et visera le manifeste de sortie, sans que, pour cela, il soit rien changé à ce qui a été établi par l'article 85, sous le rapport de la navigation, en ce qui concerne la constatation régulière de la sortie du navire.

§ 2. — *Entrée.* (1)

Manifeste. Visa.

ART. 98. — Quand un navire, expédié d'un port de

(1) Les bateaux à vapeur faisant le cabotage entre Nantes et

France pour un des ports de la Loire, est retenu, soit par le vent, soit par la marée, dans l'un de ces derniers ports, autre que celui de sa destination, le Capitaine doit y présenter au bureau des Douanes, pour y être visé, soit son manifeste, soit l'acquit-à-caution ou le passavant qui peut en tenir lieu. Il sera dispensé d'en remettre une copie, sauf dans le cas prévu par l'article suivant.

Allégement.

Art. 99. — Si, dans le port où il est retenu, ou si, dans le cours de sa navigation fluviale, le navire a besoin d'être allégé, il sera procédé d'après ce qui est prescrit aux articles 6 et suivants jusqu'à l'article 16, ou, selon le cas, aux articles 44, 45, 46 et 47 du présent réglement.

Port de destination. Déchargement.

Atr. 100. — Le navire étant parvenu à son port de destination, sans avoir rompu charge, ou étant allégé et dans ce dernier cas, l'allége y étant pareillement arrivée, le déchargement de la cargaison aura lieu dans les formes et sous les garanties déterminées par les lois générales. Toutefois, à Nantes, si des marchandises nationales ou des marchandises étrangères venues par mutation d'entrepôt, mais déclarées pour la consommation immédiate, sont destinées à remonter la Loire sur des barques ou chalands, elles pourront être transbordées, du navire caboteur ou de son allége, sur le chaland, pourvu que le commerce fournisse, à bord, tous les

Visite au transbordement.

Bordeaux, pourront, lorsqu'ils auront charge complète, déposer dans une allége qui suivra le bâtiment une partie des marchandises, en se conformant aux prescriptions (de la décision administrative du 17 mais 1851) énoncées en l'art. 46 bis.

moyens de vérification que le service pourra réclamer. Cette concession ne constituera jamais un droit, et les employés seront toujours autorisés à exiger, quand ils le jugeront nécessaire, la mise à quai des marchandises pour y être vérifiées.

Mode d'y procéder.

Art. 101. — Dans le cas exceptionnel prévu dans l'article précédent, l'opération, quand il s'agira de marchandises venues par mutation d'entrepôt, devra toujours être suivie par un Vérificateur, qui délivrera le certificat de visite. Pour les marchandises nationales, cette même opération pourra, sous la surveillance d'un Vérificateur de tente, être faite par l'un des sous-brigadiers qui lui sont attachés, mais le certificat de visite sera délivré par ce Vérificateur.

Permis de passer les ponts.

Art. 102. — Aucun chaland sur lequel auront été transbordées des marchandises venues par cabotage, ou par mutation d'entrepôt, ne pourra quitter l'enceinte du port de Nantes, sans un permis de passer les ponts, délivré par le Vérificateur même qui aura fait ou surveillé l'opération du transbordement et de la visite.

Sels.

Art. 103. — Il n'est rien changé à ce qui est établi pour les déchargements de sel dans le port de Nantes.

Double destination.

Art. 104 — S'il arrive qu'un navire caboteur, ayant chargé dans un port de France des marchandises pour Nantes, et d'autres marchandises pour un autre port de l'Océan ou de la Méditerranée, veuille ne pas monter jusqu'à Nantes, et rester à Paimbœuf ou à Saint-Nazaire, afin de relever avec plus de facilité et de promptitude pour sa destination ultérieure, on pourra permettre que, sous l'accomplissement des formalités indiquées aux articles 6 et suivants jusqu'à l'article 16, les marchandises destinées pour Nantes soient transbordées du navire caboteur sur une gabare qui les transportera dans ce dernier port où elles seront déclarées par le destinataire, et vérifiées après dépôt des expéditions y relatives, lesquelles auront dû être remises au patron de la gabare ou au propriétaire. Le bâtiment pourra ensuite reprendre la mer; s'il reste à Paimbœuf, son entrée et sa sortie ne seront constatées qu'à la Douane de Nantes, comme si, en réalité, il y était monté et qu'il en fût reparti; mais s'il reste à Saint-Nazaire, c'est à la Douane de ce port qui le comprendra à l'entrée et à la sortie sur ses comptes de navigation.

Entrée et sortie du navire. Où constatées.

SECTION DEUXIÈME.

CABOTAGE DANS LA LOIRE.

Art. 105. — Le cabotage dans la partie maritime de la Loire, depuis Nantes jusqu'à Saint-Nazaire, est soumis à toutes les conditions et formalités prescrites par les lois, ordonnances et décisions relatives au cabotage en mer, sauf les exceptions énoncées ci-après.

Produits du sol.

Art. 106. — Les simples produits du sol, autres que les sels, pourront, entre Nantes et Paimbœuf, à l'exclusion de ces deux bureaux et de ceux situés au-delà du dernier vers la mer, être embarqués sans permis et circuler dans cet espace sans expédition de Douane. (Décision administrative du 18 août 1818.)

Tourbes. ART. 107. — La concession accordée par l'article précédent est étendue aux tourbes chargées à Méans pour remonter la Loire. (Même décision.)

Autres marchandises. ART. 108. — Les objets énoncés en l'article 107 et toutes autres marchandises qui seront embarquées : 1° à Nantes pour Paimbœuf et Saint-Nazaire et les points intermédiaires ; 2° à Saint-Nazaire, Méans et Paimbœuf pour Nantes et les points intermédiaires ; 3° dans ces points intermédiaires pour Nantes ou Paimbœuf, Méans et Saint-Nazaire pourront circuler sous simples passavants (même décision.)

Grains. ART. 109. — Les grains pourront circuler sur la Loire, d'une rive à l'autre, depuis Nantes jusqu'à Saint-Nazaire, sous simples passavants (Décision du 4 novembre 1823), qui devront être délivrés gratuitement. (Lettre du Directeur du 17 mars 1845.)

Drilles et étoupes. ART. 110. — Le transport sur la Loire, depuis Nantes jusqu'à Saint-Nazaire et vice-versâ, des drilles et des étoupes goudronnées provenant de vieux cordages, devra toujours être assuré par un acquit-à-caution ; mais ces matières seront affranchies du plombage quelle que soit la quantité (art. 2451.) (Décision administrative du 24 septembre 1841.)

On pourra même autoriser la circulation de ces objets sous simples passavants, quand les quantités seront au-dessous de 100 kil. (Même décision.)

CHAPITRE QUATRIÈME.

DISPOSITION GÉNÉRALE.

Art. 112. — Toutes décisions administratives, spécialement et exclusivement relatives aux divers objets traités dans le présent réglement, sont et demeurent abrogées.

Le Directeur des Douanes à Nantes proposera à l'Administration d'introduire dans ce réglement les changements et les modifications dont l'expérience aura démontré la nécessité.

Arrêté à Paris, en conseil d'Administration, le 6 décembre 1842.

Le Conseiller d'Etat,
Directeur de l'Administration des Douanes,
Signé : Th. GRÉTERIN.

Pour ampliation,
Le Directeur des Douanes à Nantes,
Signé : GALLOIS MAILLY.

TABLE DES MATIÈRES.

CHAPITRE PREMIER.

Importations.

CHAPITRE DEUXIÈME.

Exportations.

CHAPITRE TROISIÈME.

Cabotage.

CHAPITRE QUATRIÈME.

Nantes, Imprimerie V. DE COURMACEUL, rue Santeuil, 8.

www.ingramcontent.com/pod-product-compliance
Ingram Content Group UK Ltd.
Pitfield, Milton Keynes, MK11 3LW, UK
UKHW022139190726
13855UKWH00003B/1230

9 782013 046787